My name is:

____

- - - - - - - - - - - - - - - -

____

Practice Practice

Practice   Practice

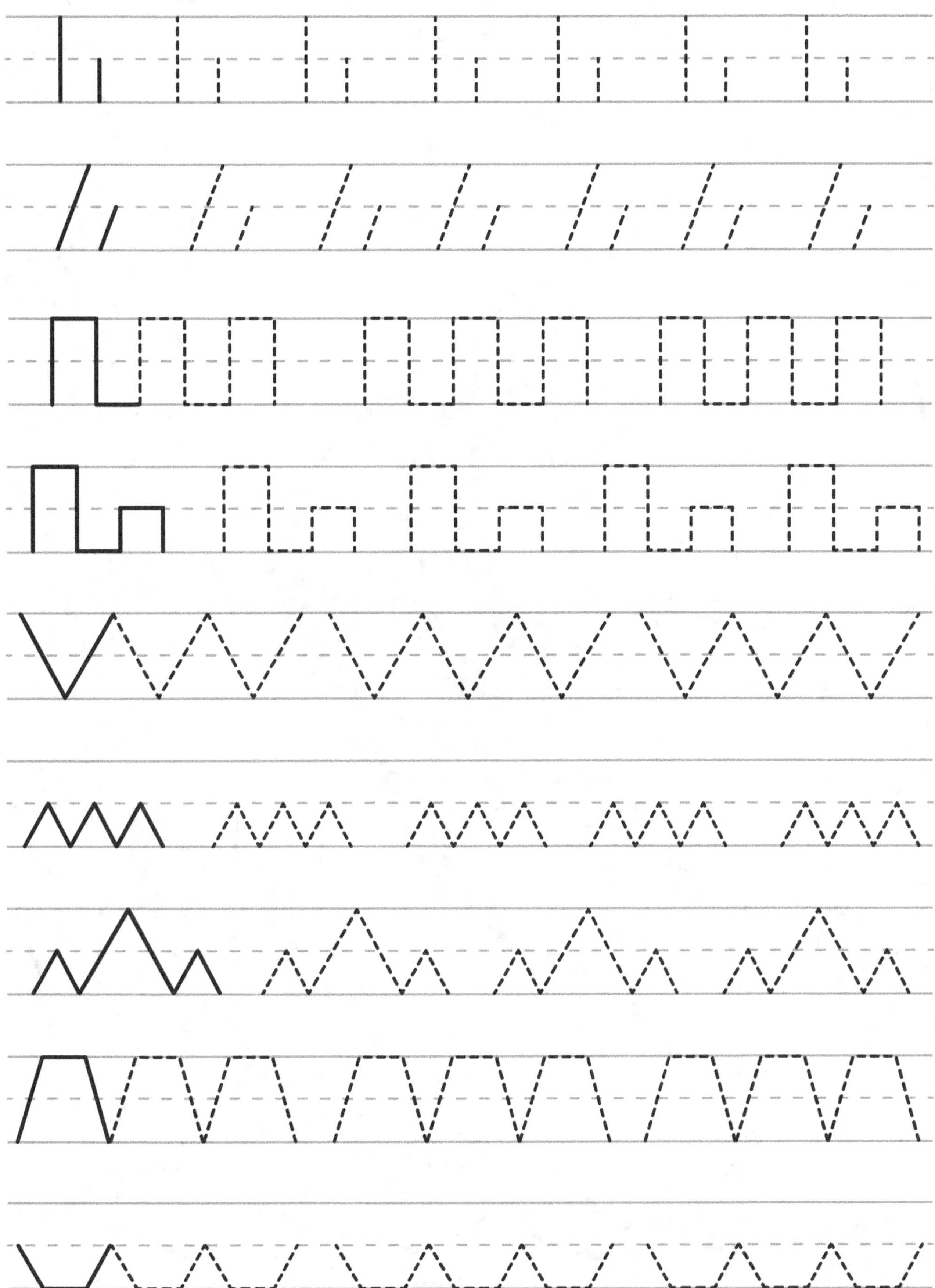

Angelfish
Angelfish

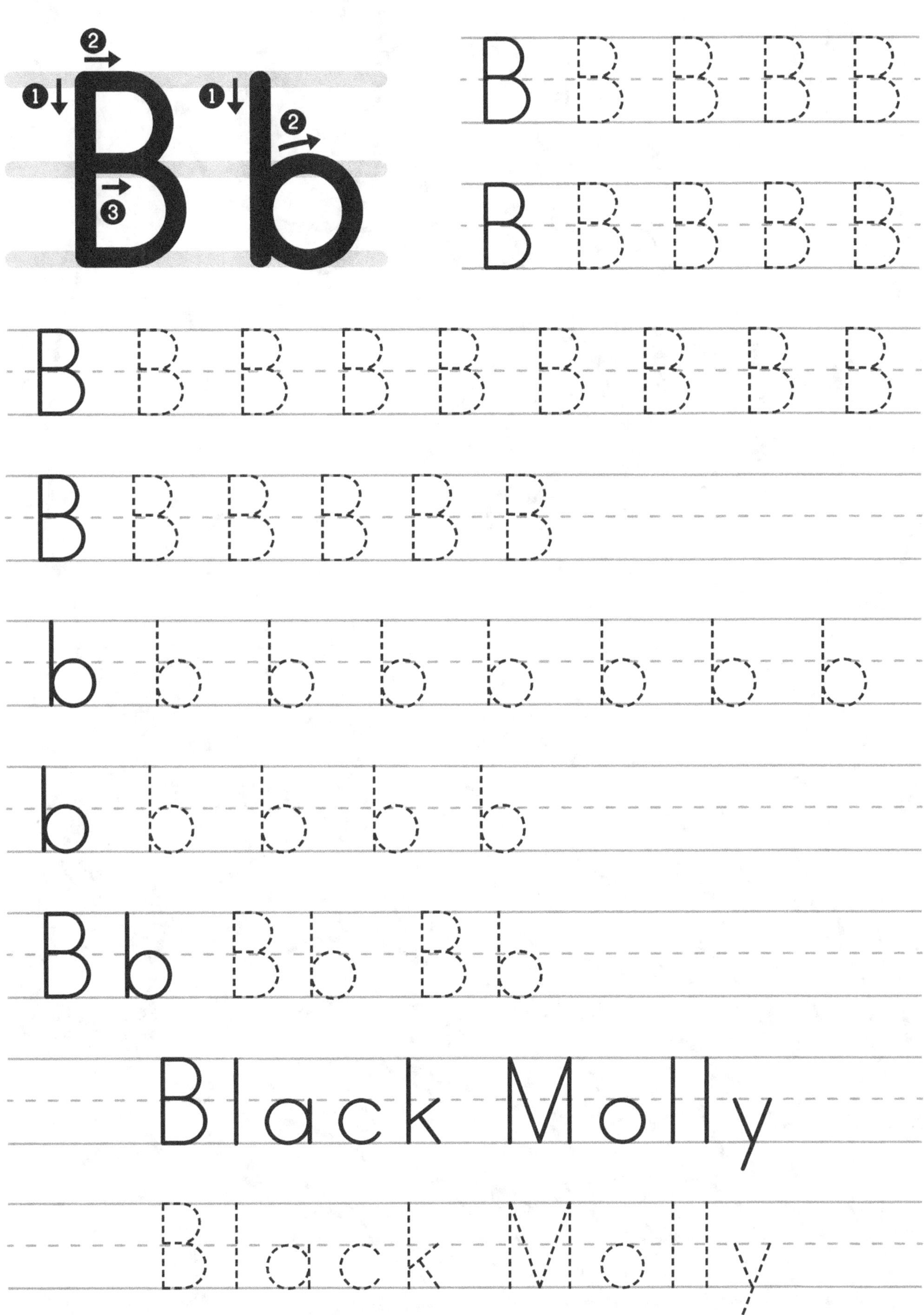

Black Molly

Clownfish

Clownfish

A B C **D** E F G H I J K L M N O P Q R S T U V W X Y Z

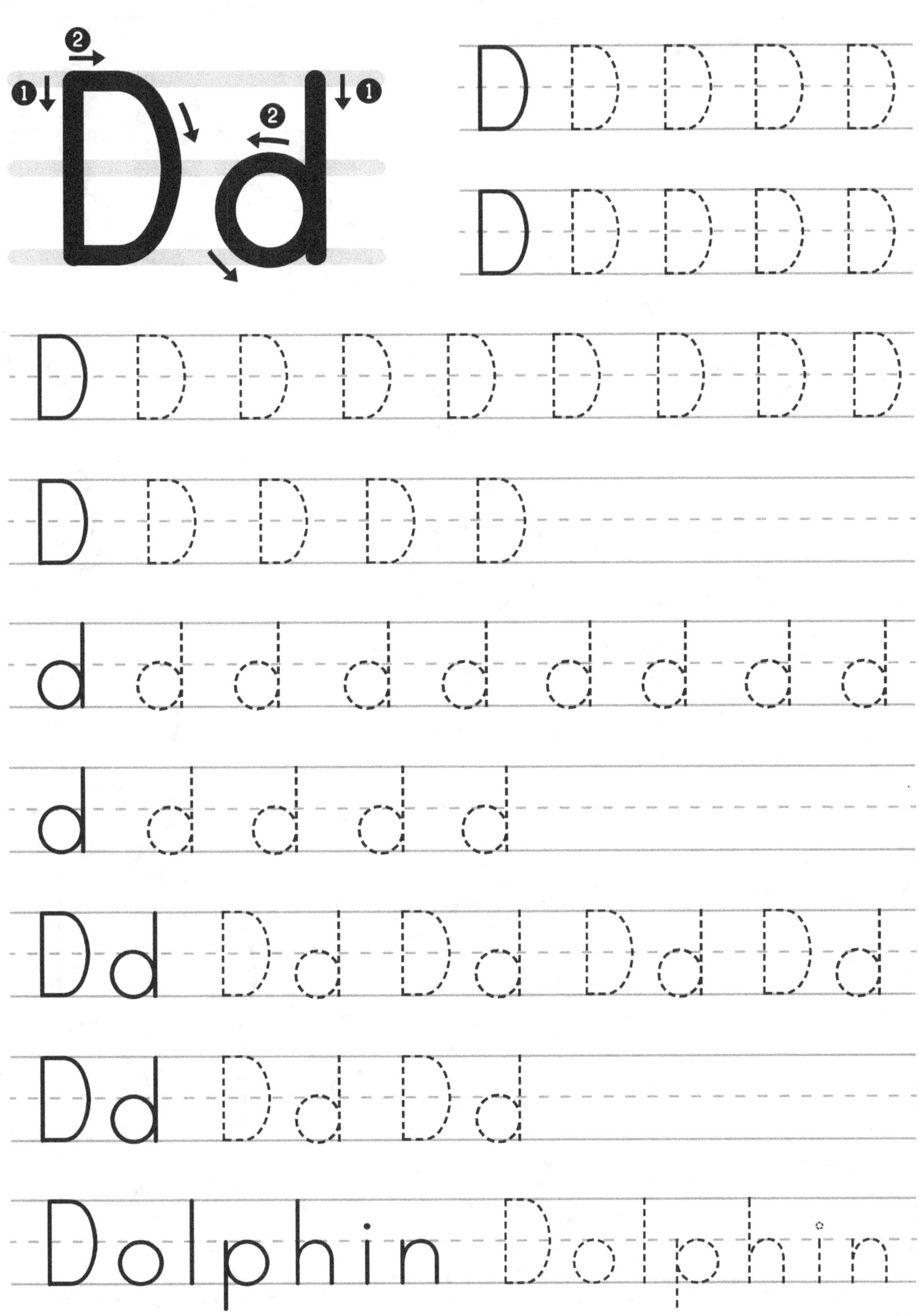

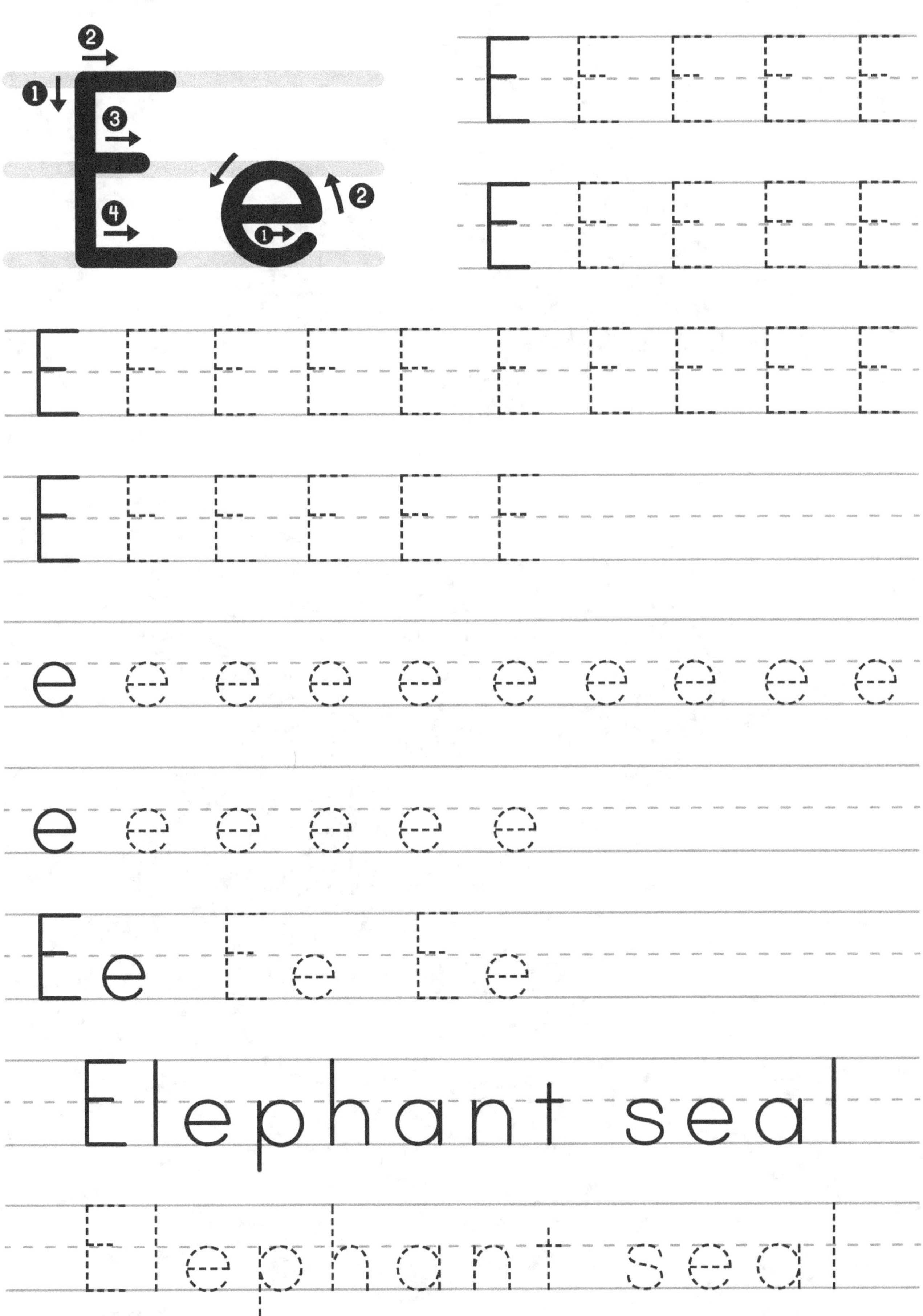

Elephant seal

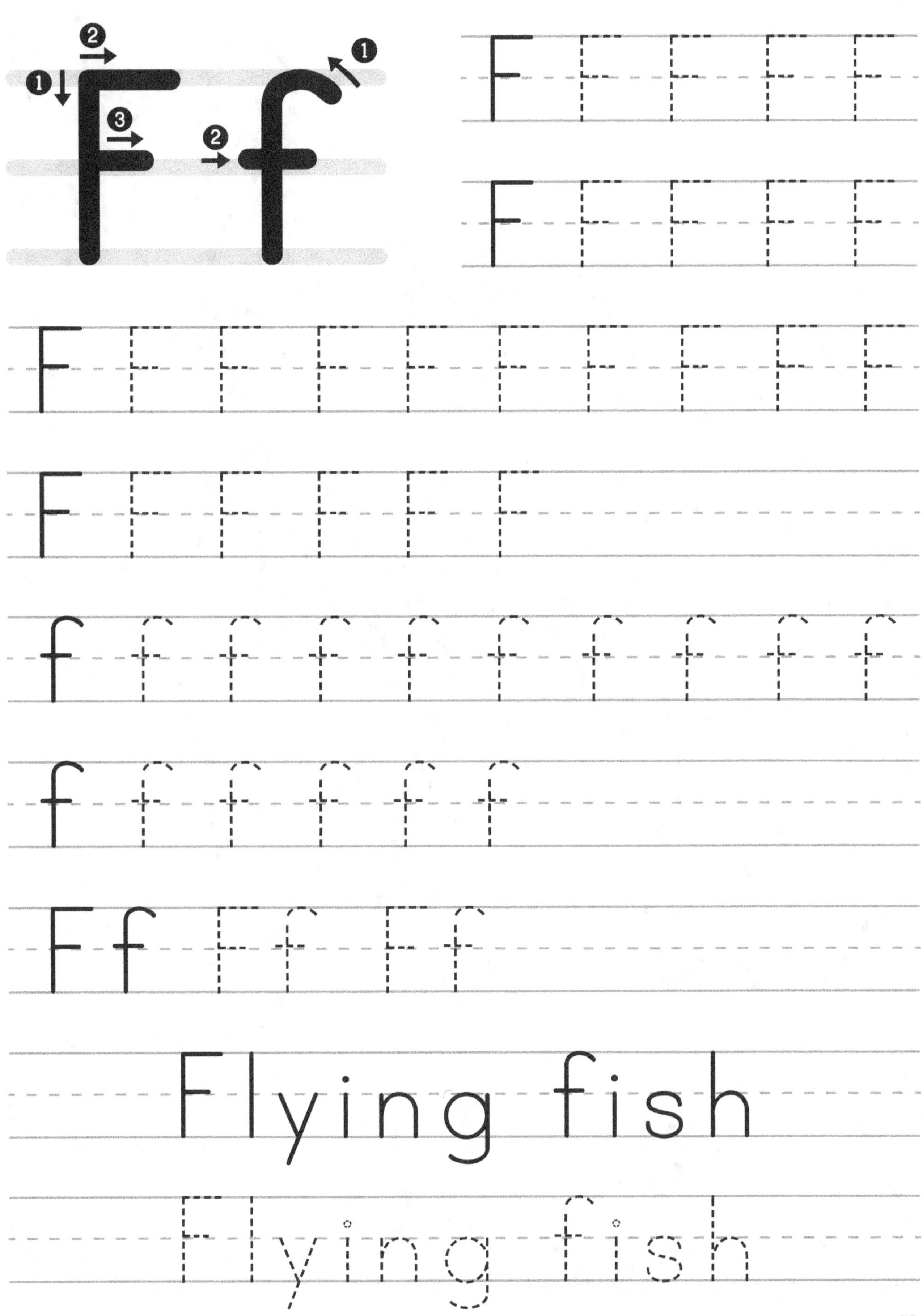
Ff
F F F F F
F F F F F
F F F F F F F F F
F F F F F
f f f f f f f f f
f f f f f
Ff Ff Ff
Flying fish
Flying fish

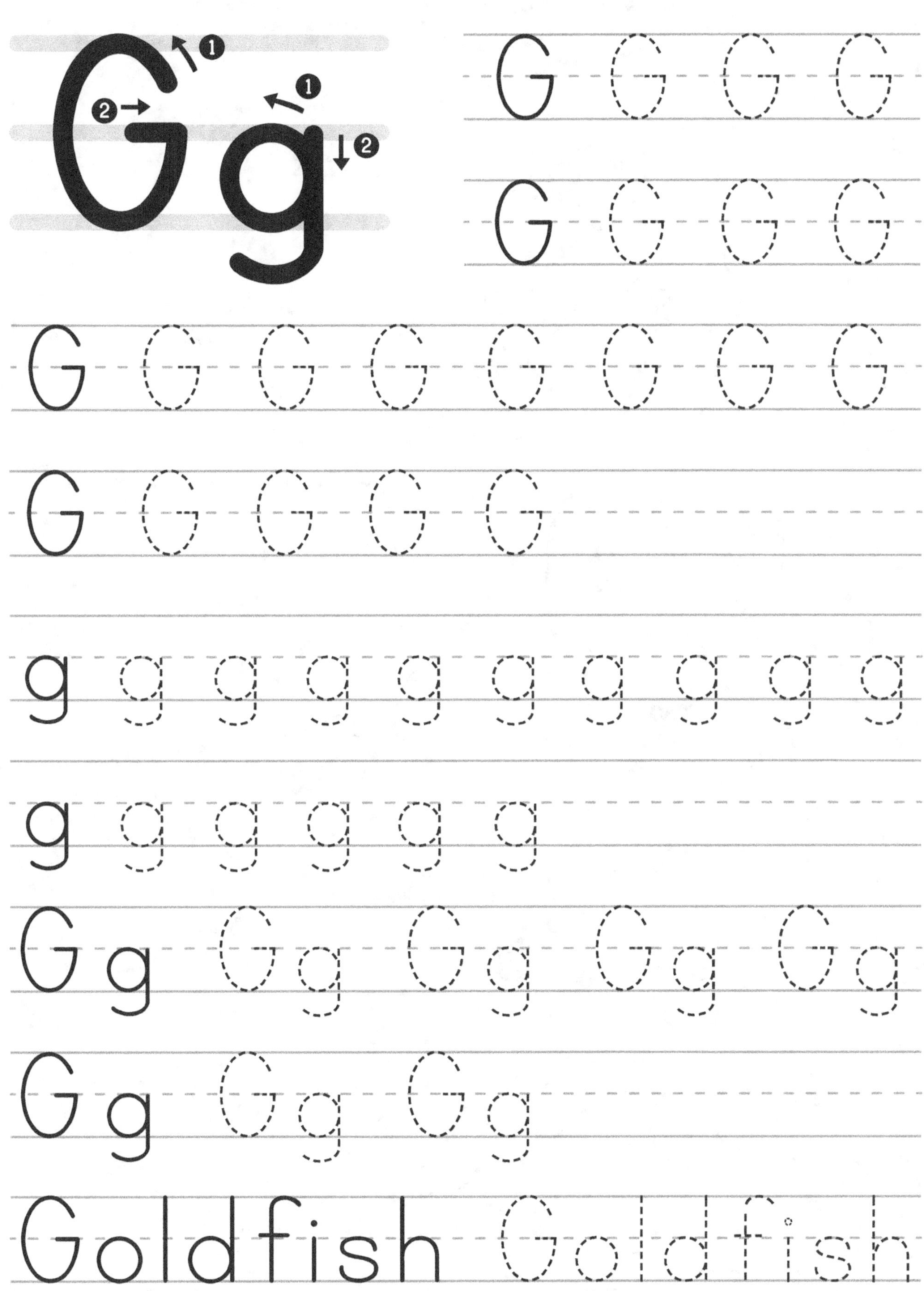

Goldfish

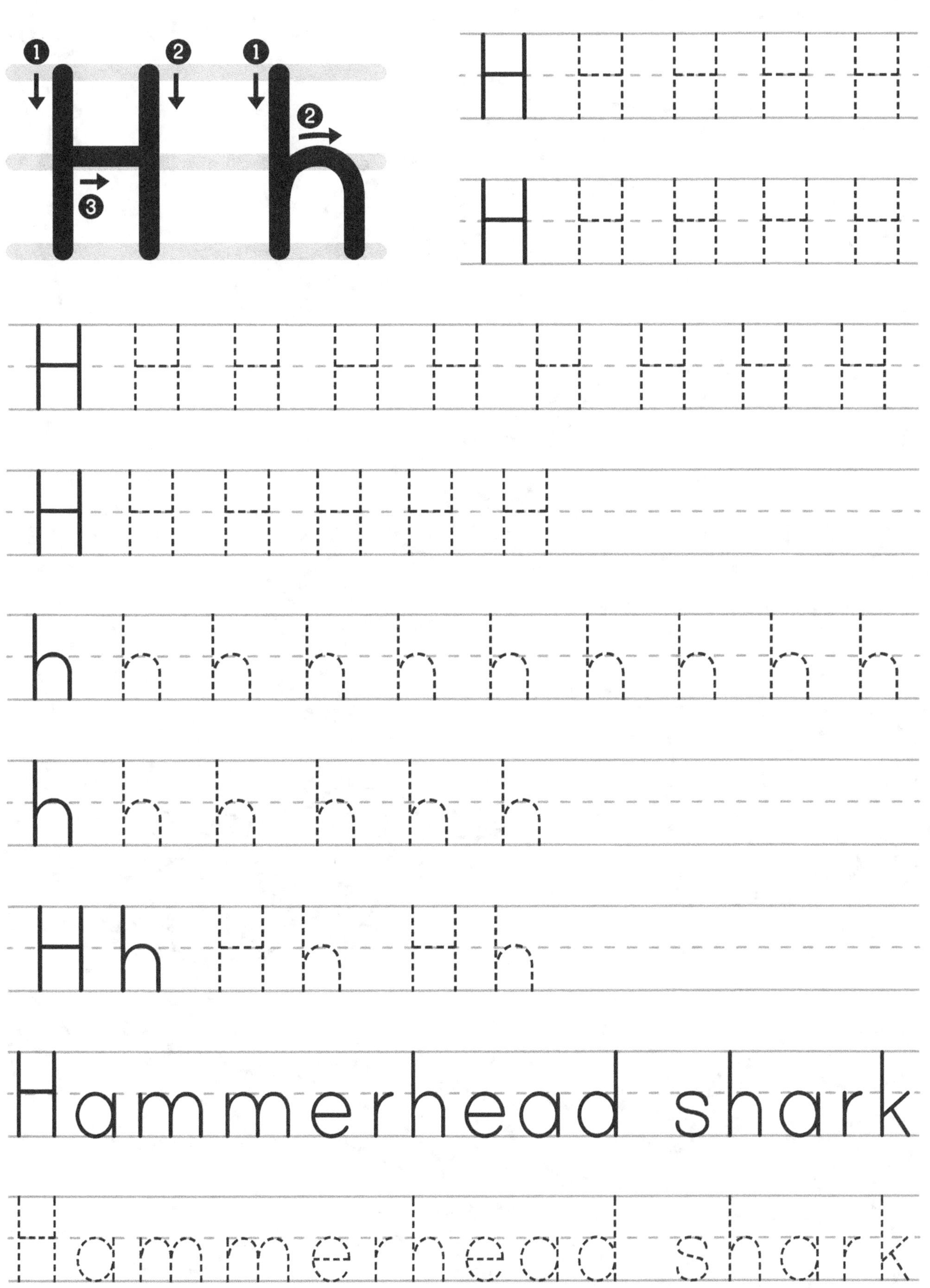

Hammerhead shark

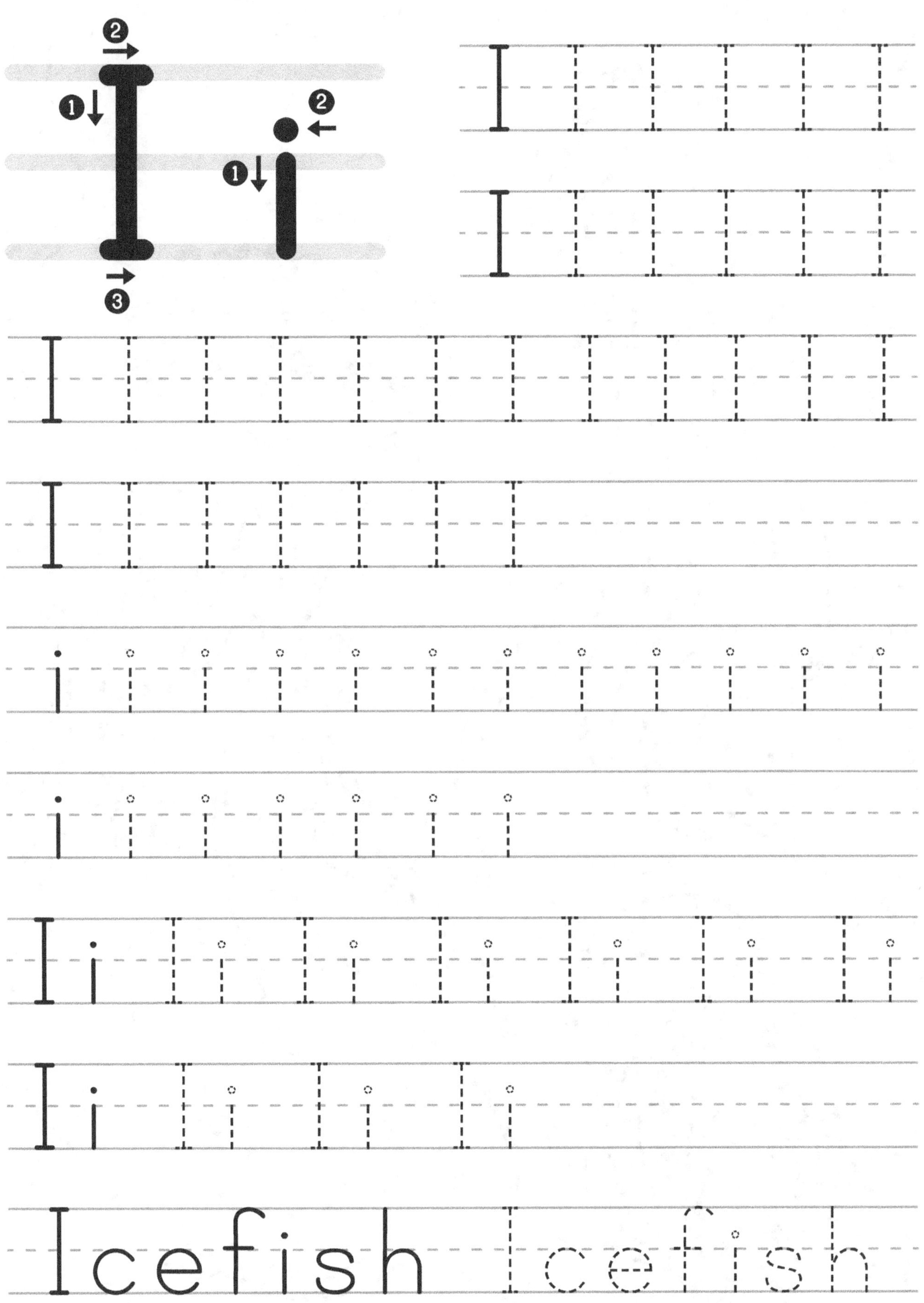

Icefish Icefish

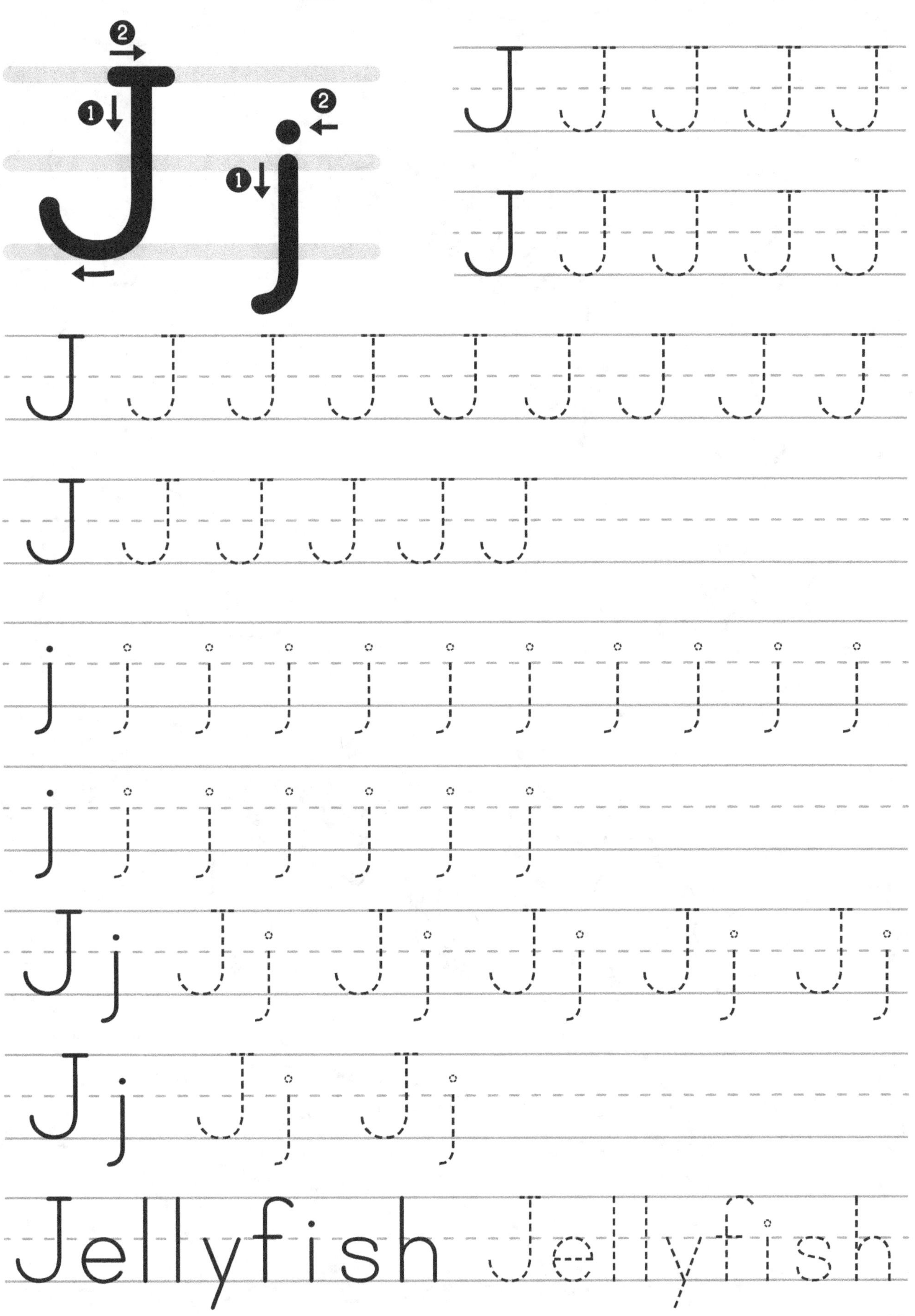

J
j
Jellyfish

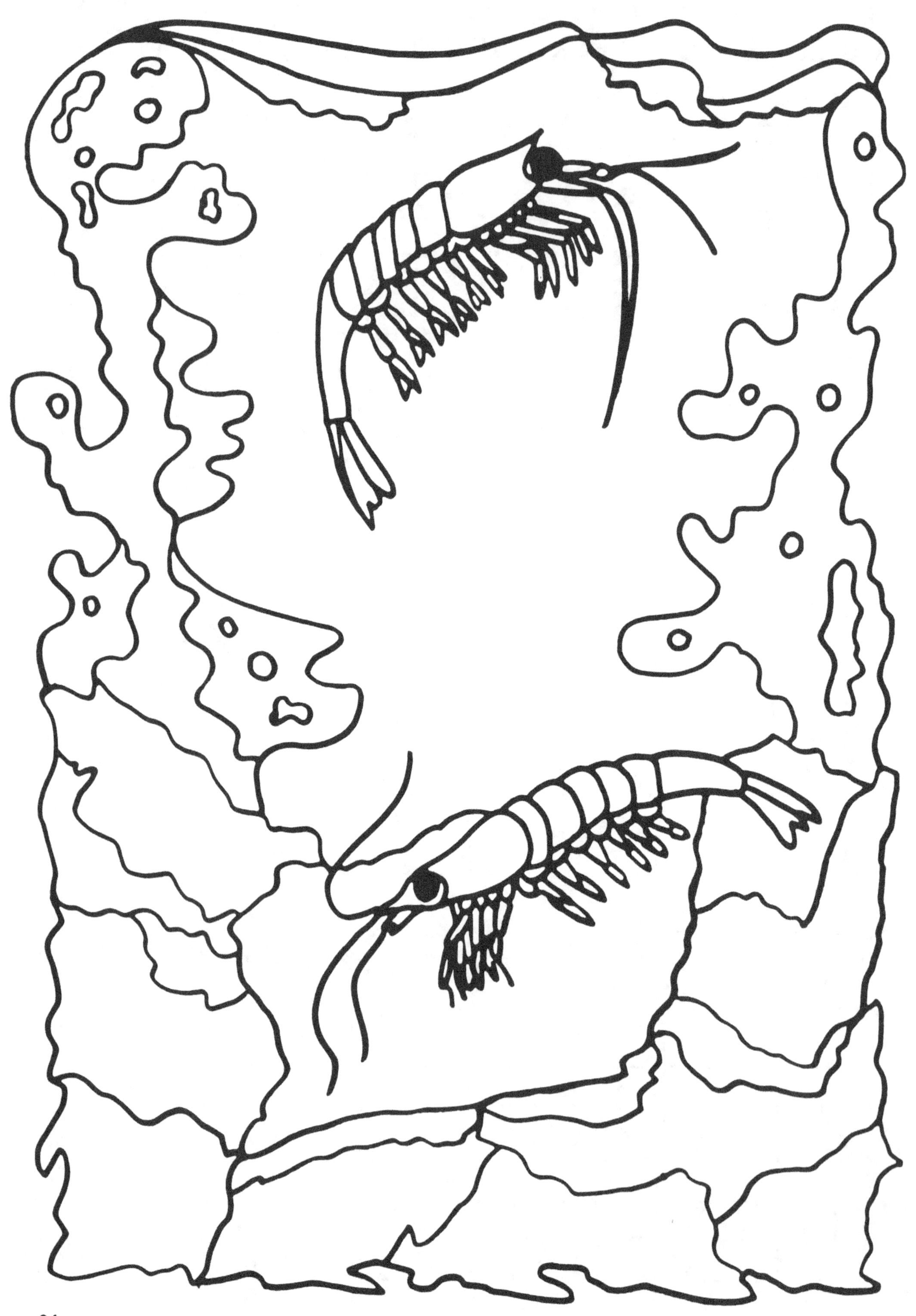

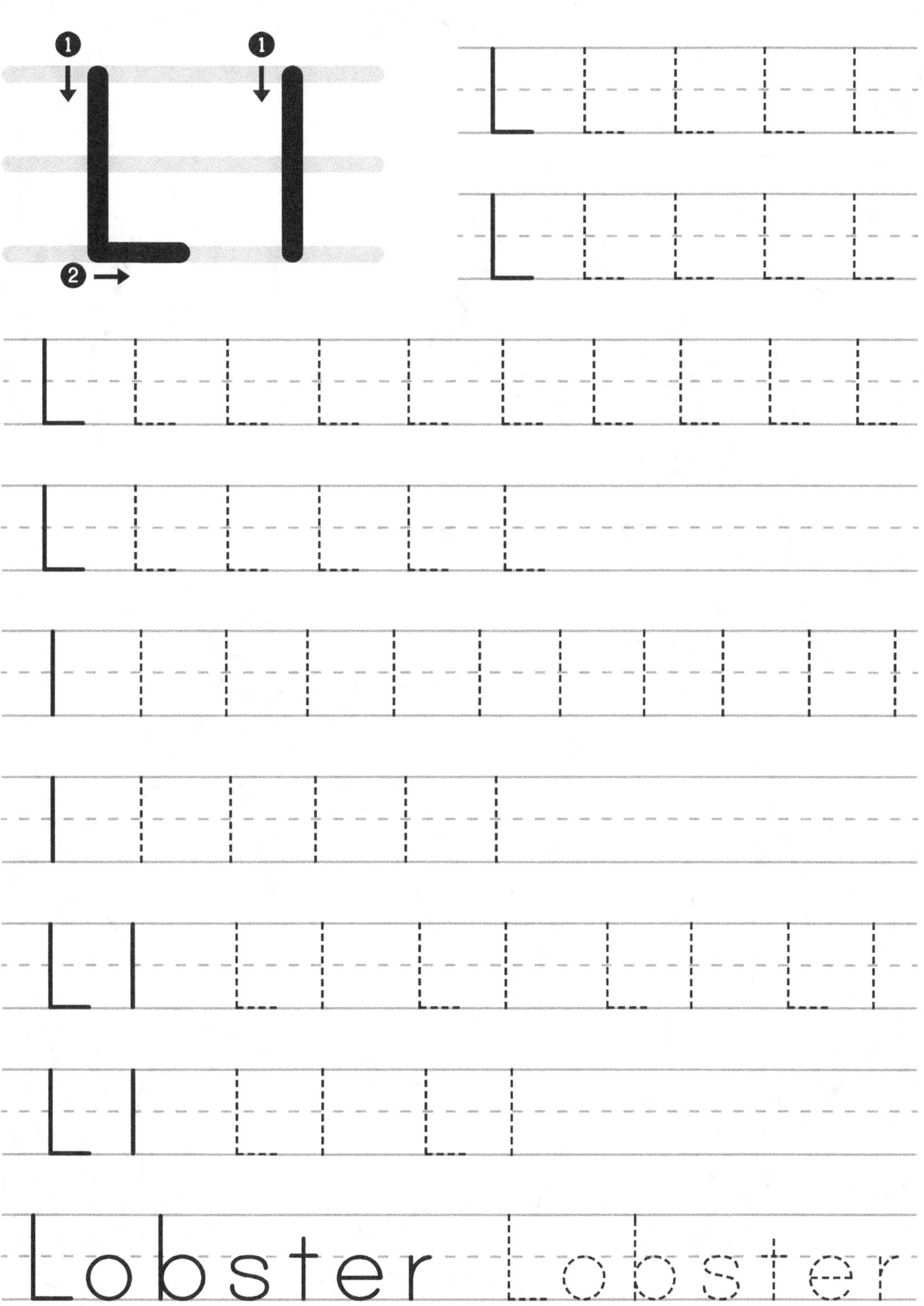
Lobster Lobster

Manta ray

Neon tetra

Neon tetra

34

A B C D E F G H I J K L M N **O** P Q R S T U V W X Y Z

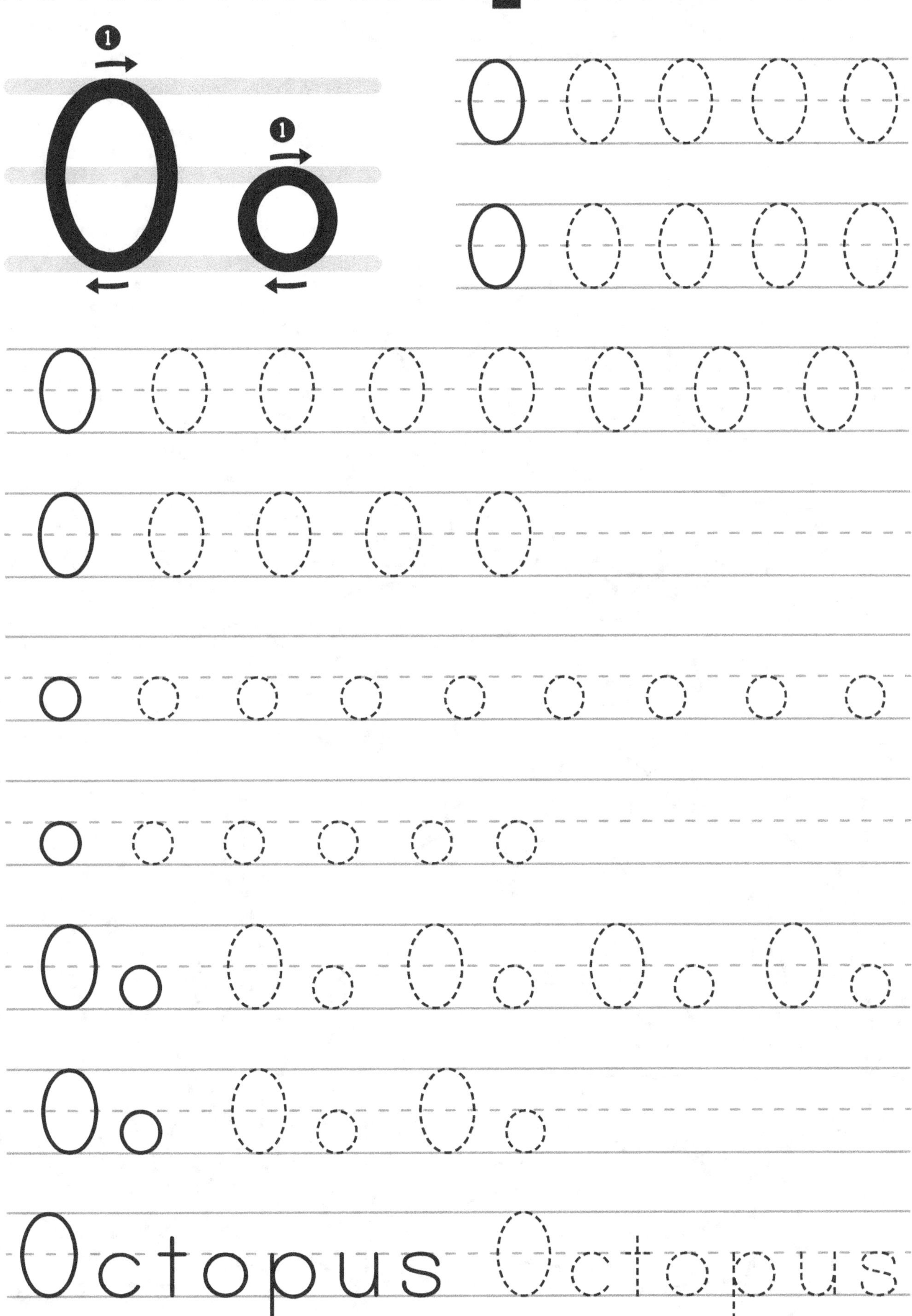

Pp
P P P P P
P P P P P
P P P P P P P P P P
P P P P P P
p p p p p p p p p p
p p p p p p
Pp Pp Pp
Pufferfish
Pufferfish

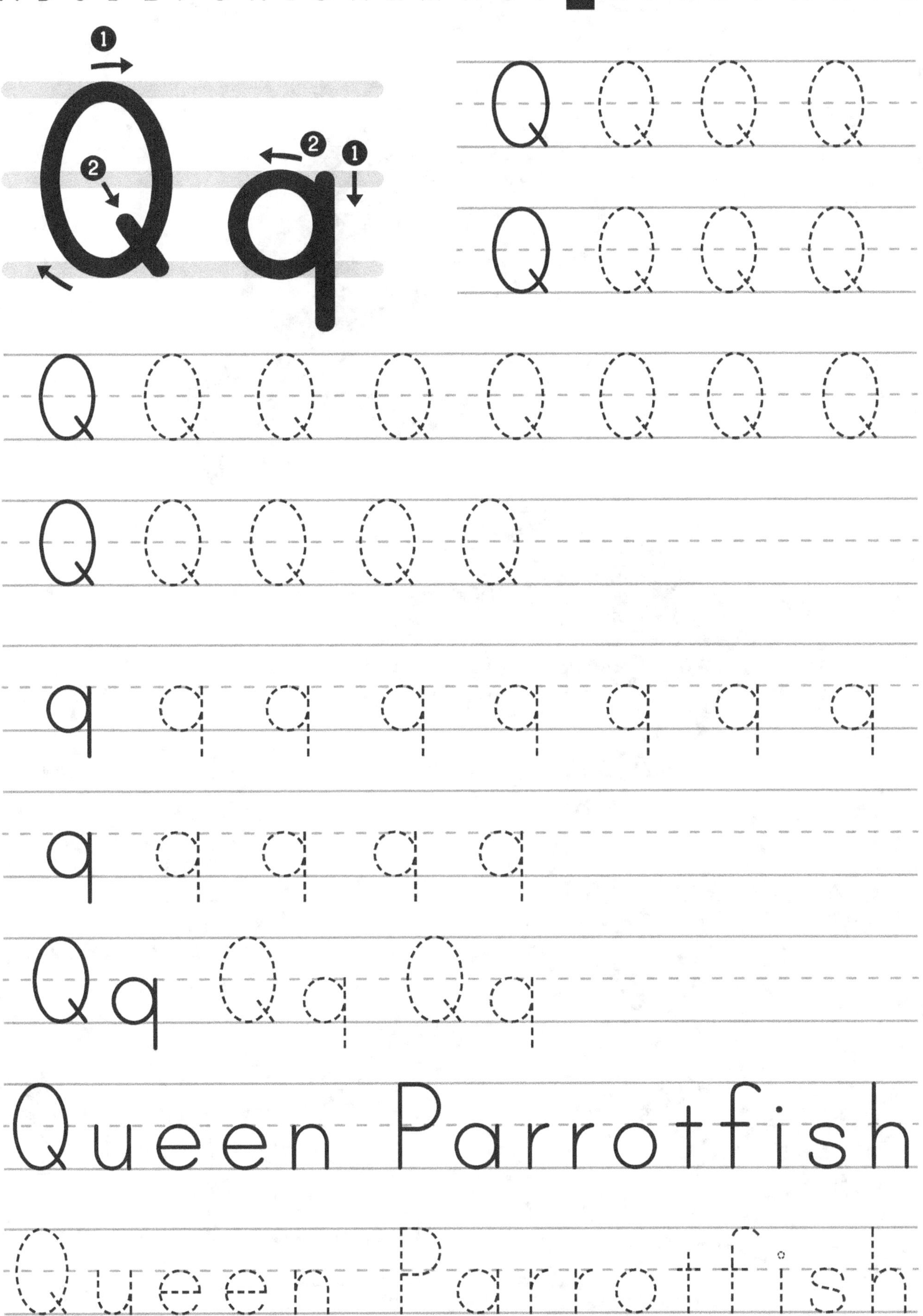

Queen Parrotfish

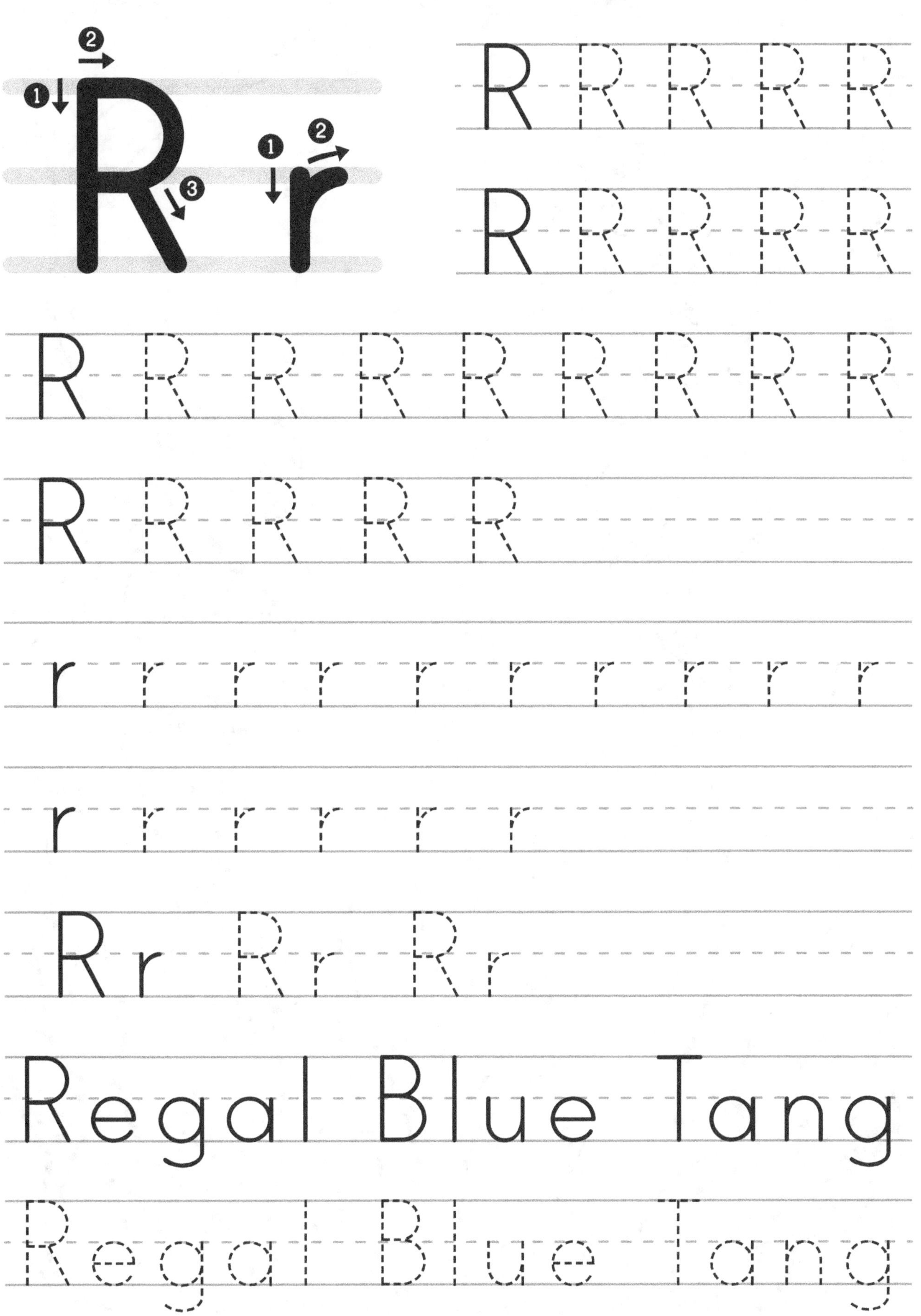

Regal Blue Tang

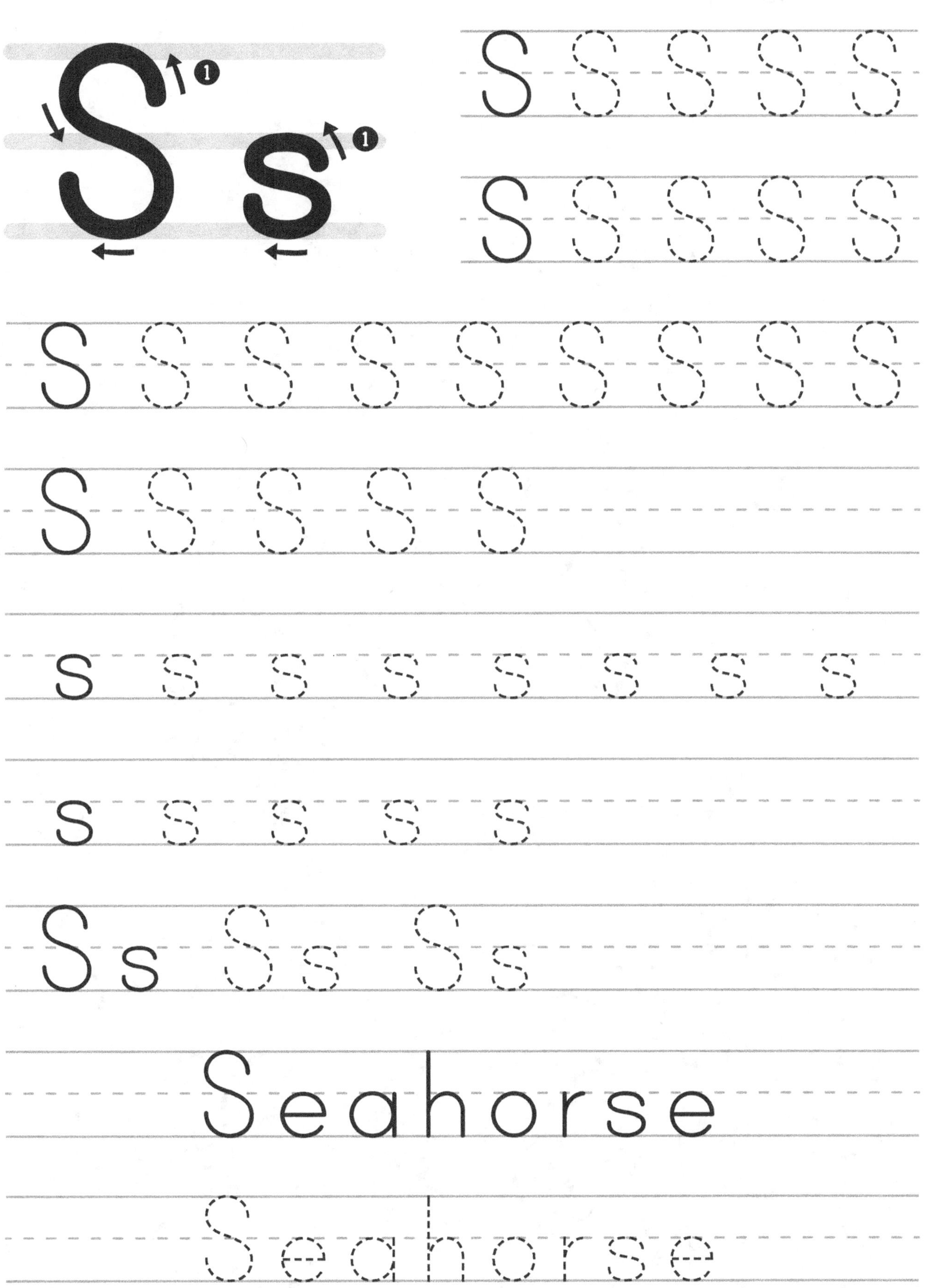

Seahorse

Seahorse

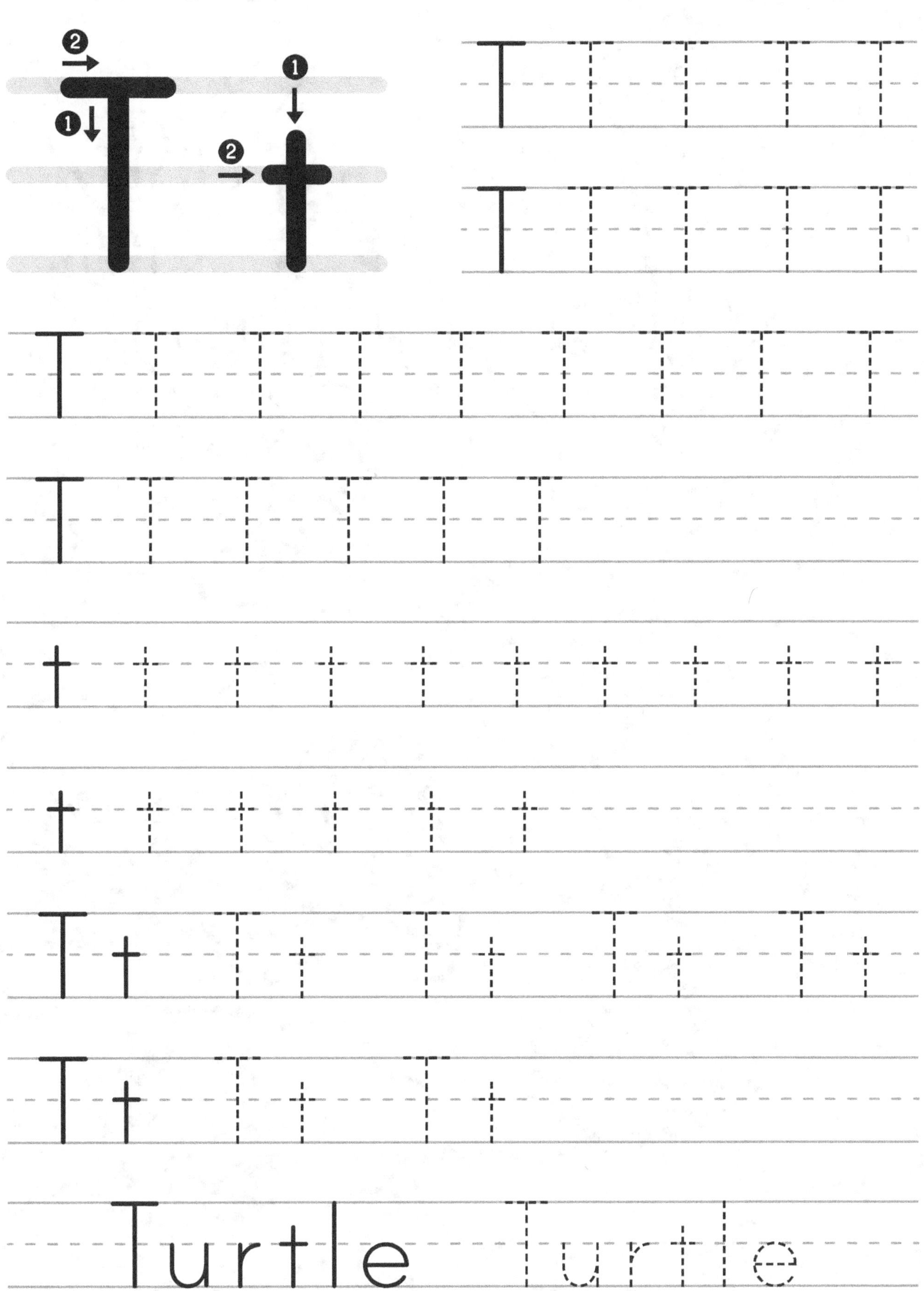

Turtle Turtle

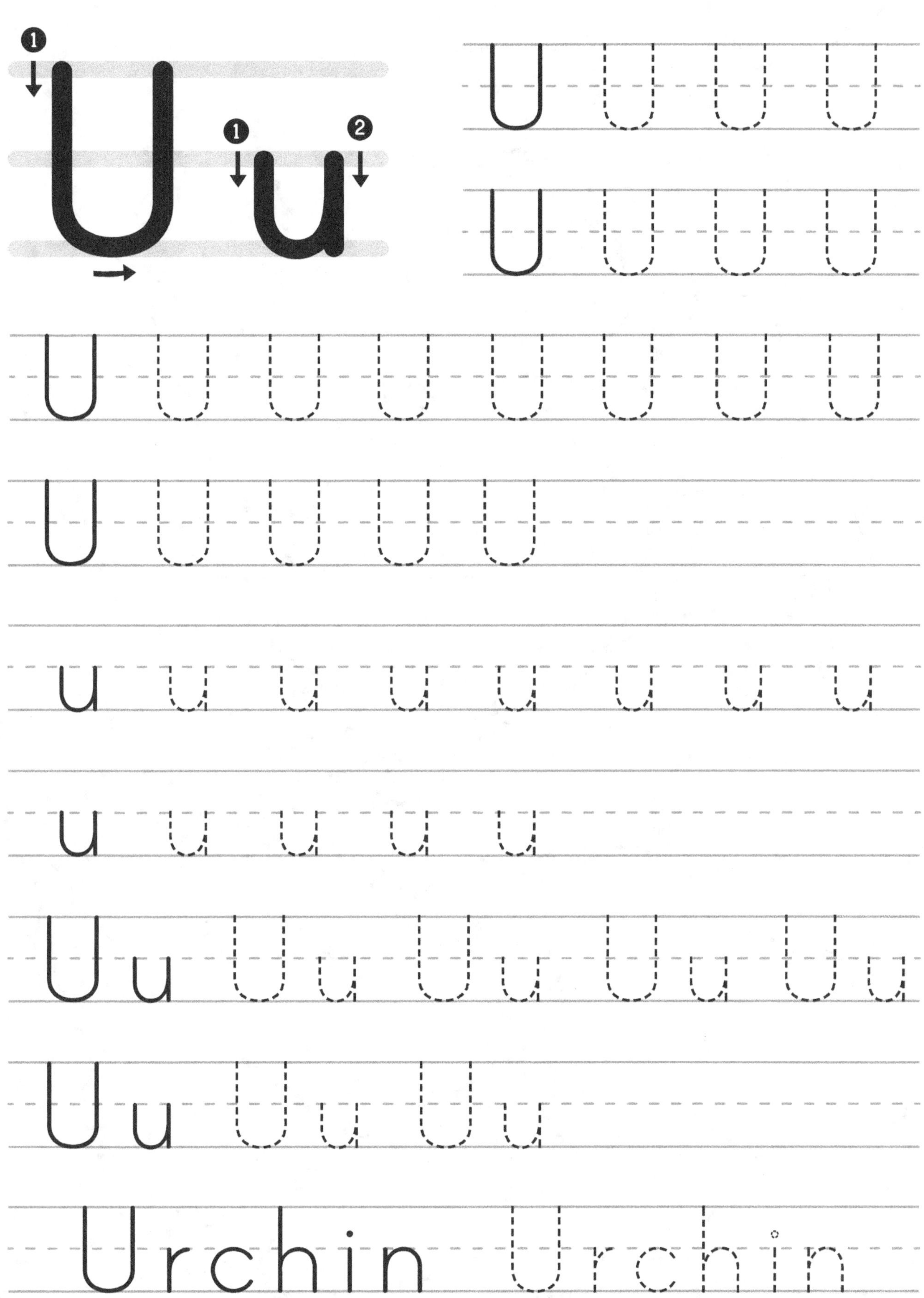

Urchin Urchin

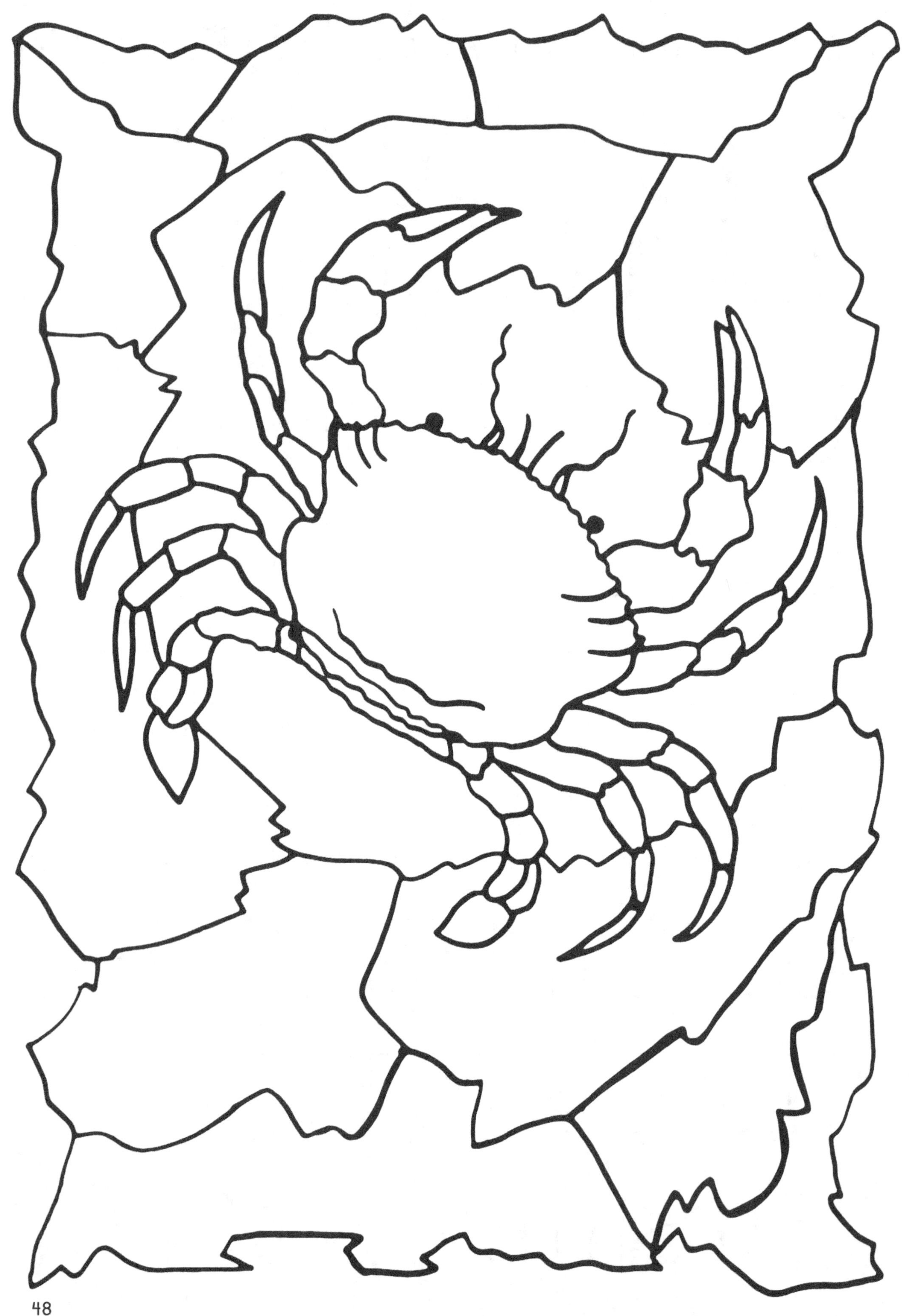

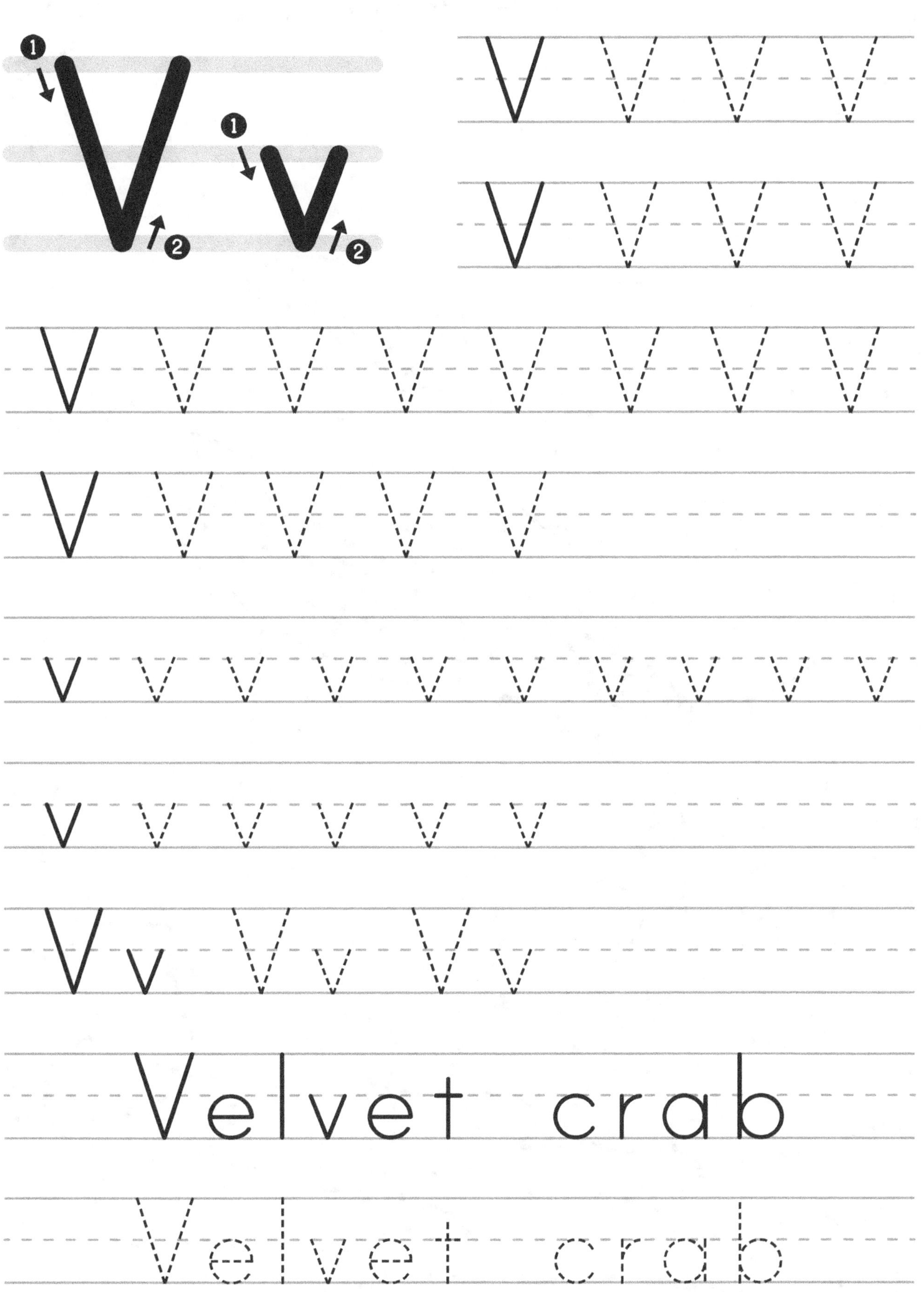

Velvet crab

Velvet crab

Whale Whale

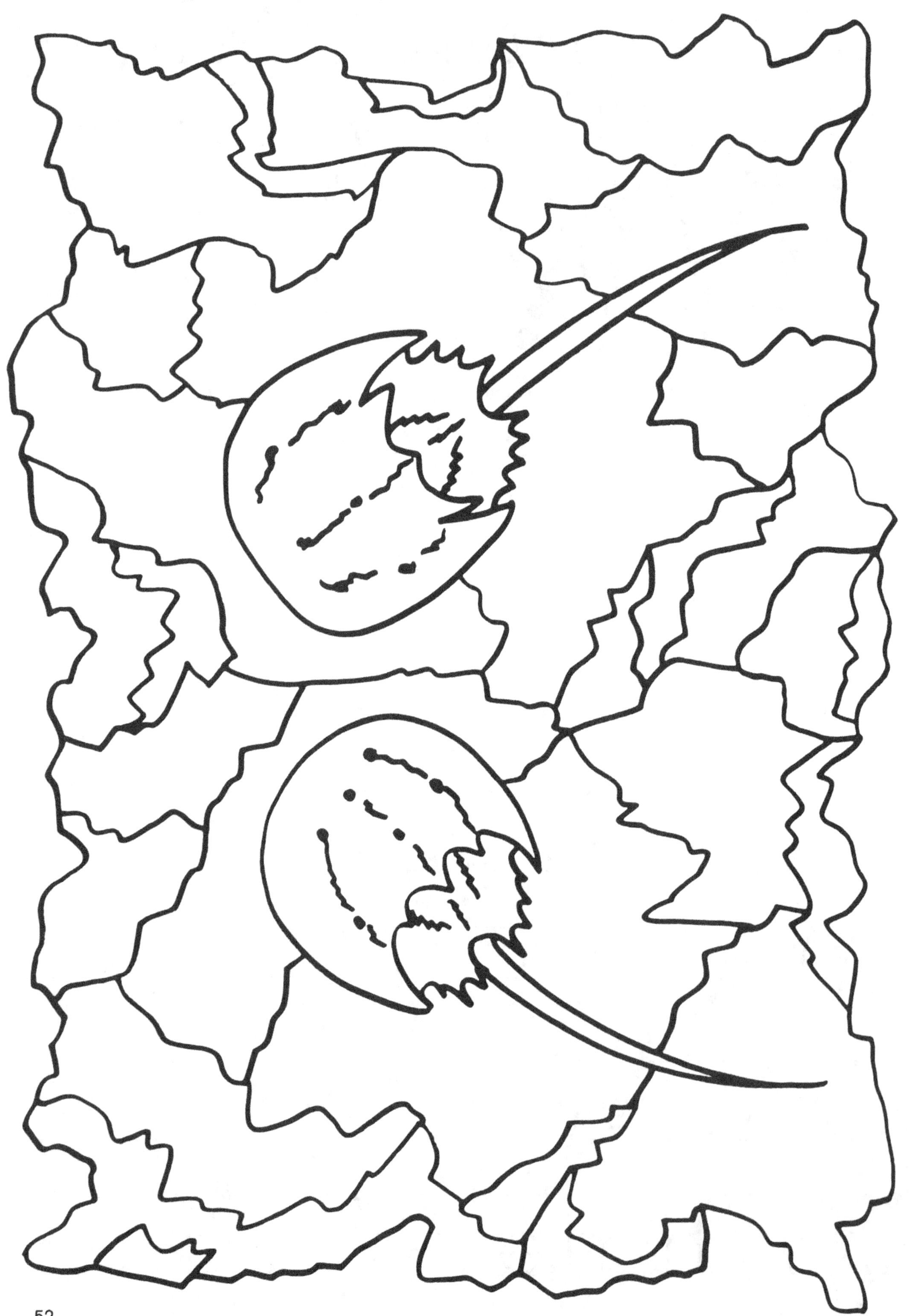

Xiphosura

Xiphosura

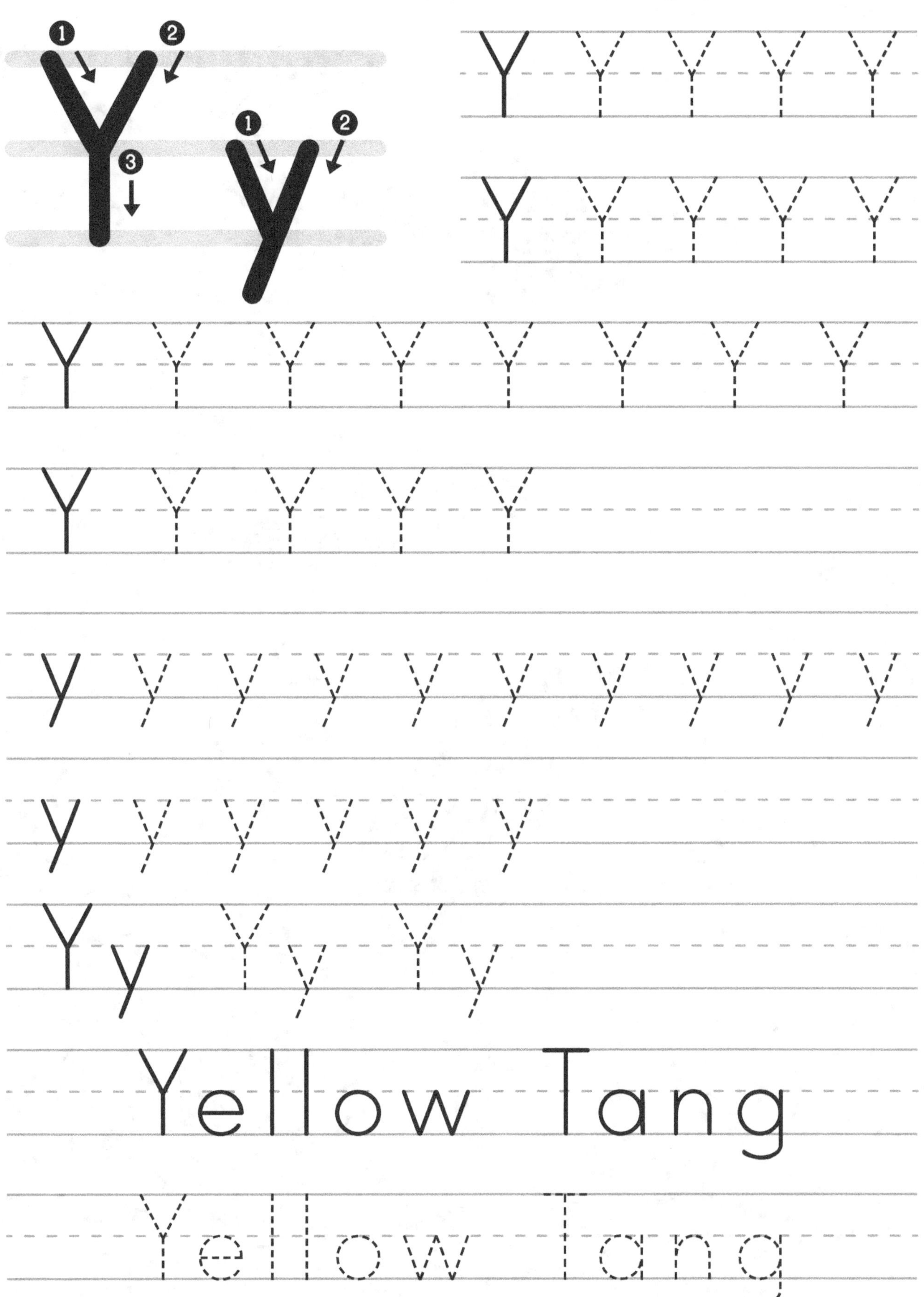

Yellow Tang

Yellow Tang

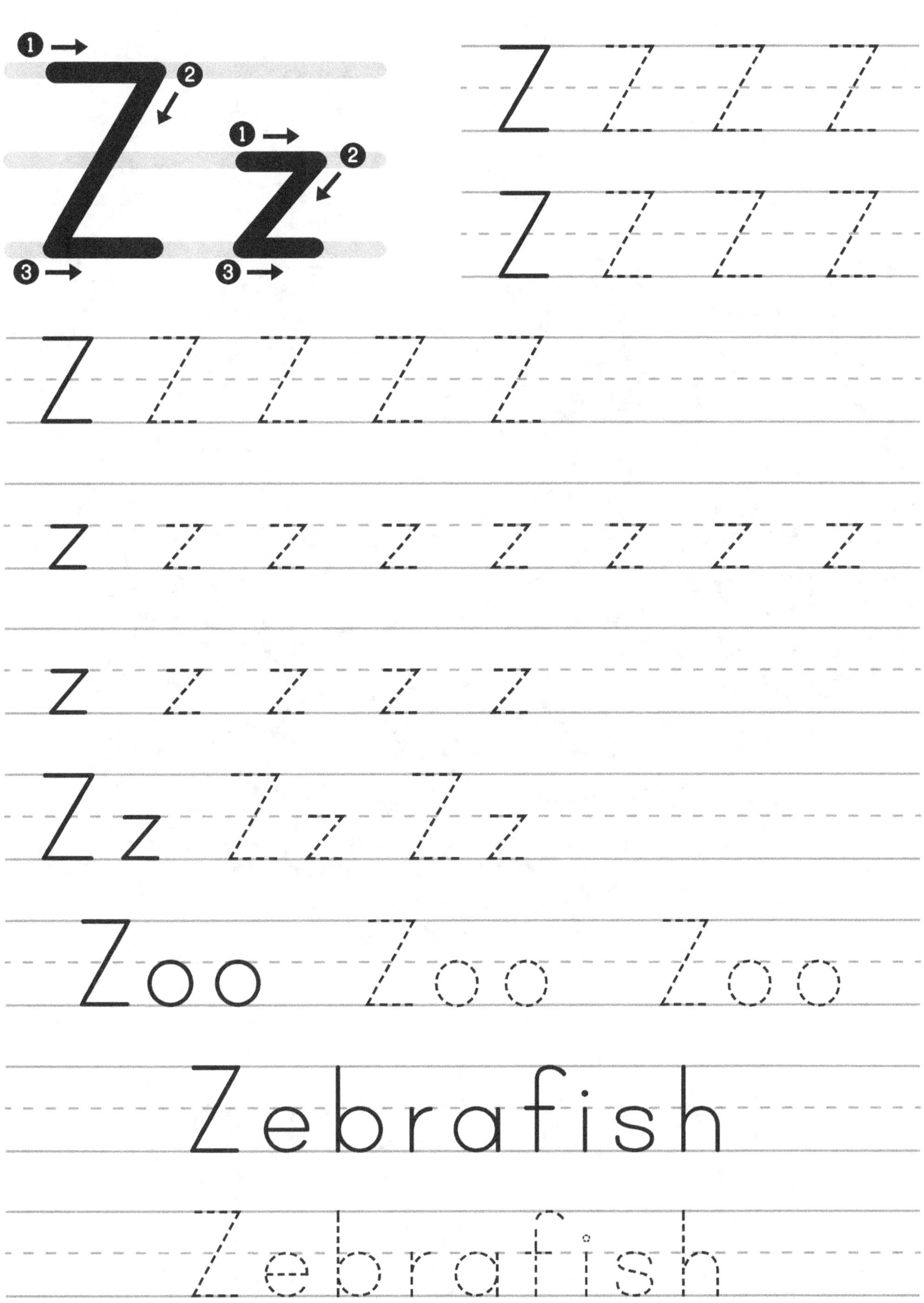

Let's begin!

Let's begin!

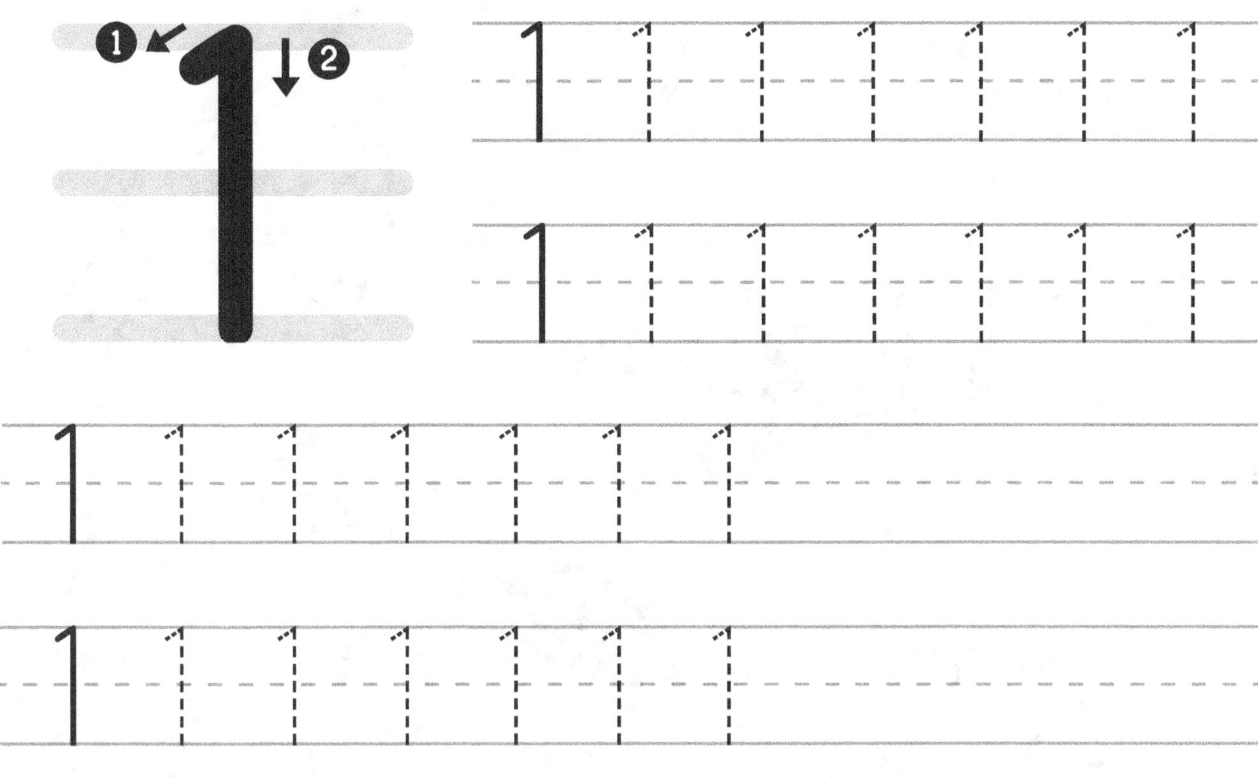

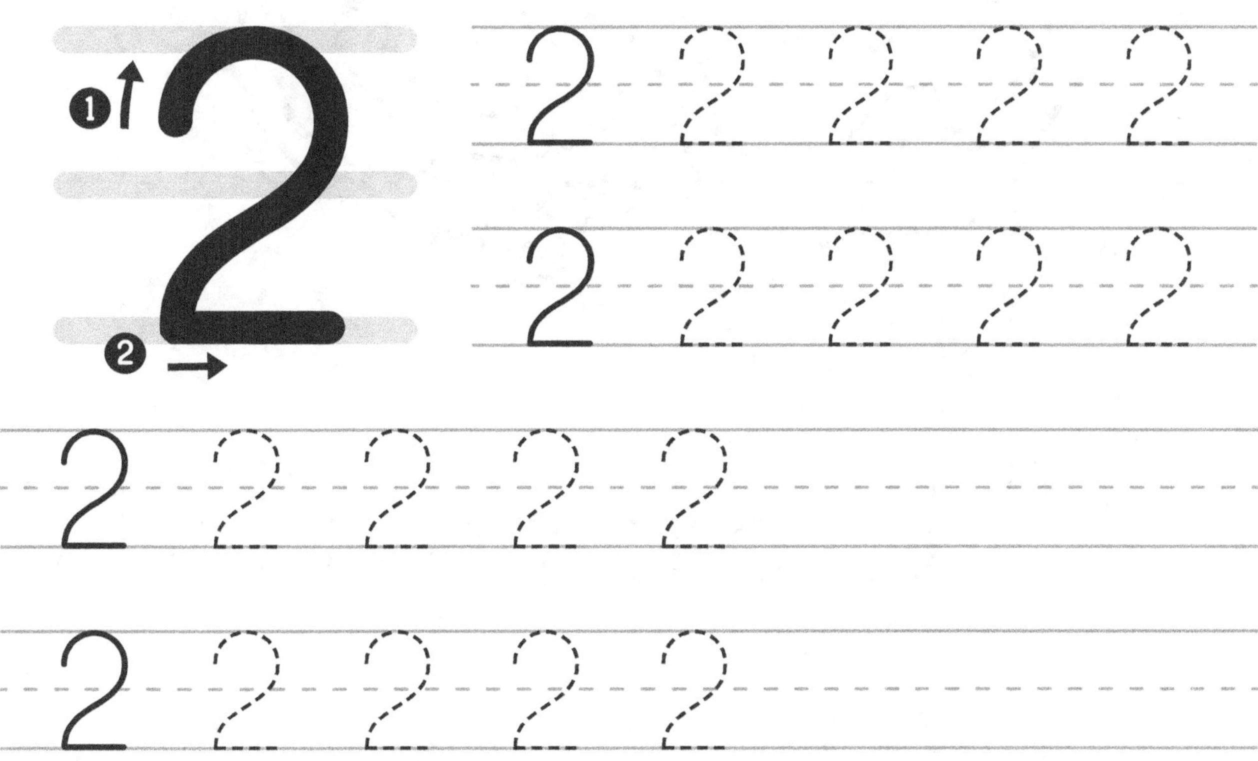

I like clownfish!
I like clownfish!

3 3 3 3 3

3 3 3 3 3

3 3 3 3 3

3 3 3 3 3

4 4 4 4 4

4 4 4 4 4

4 4 4 4 4

4 4 4 4 4

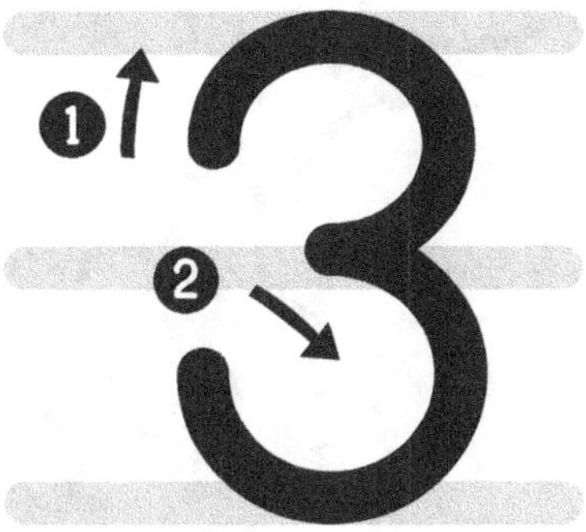

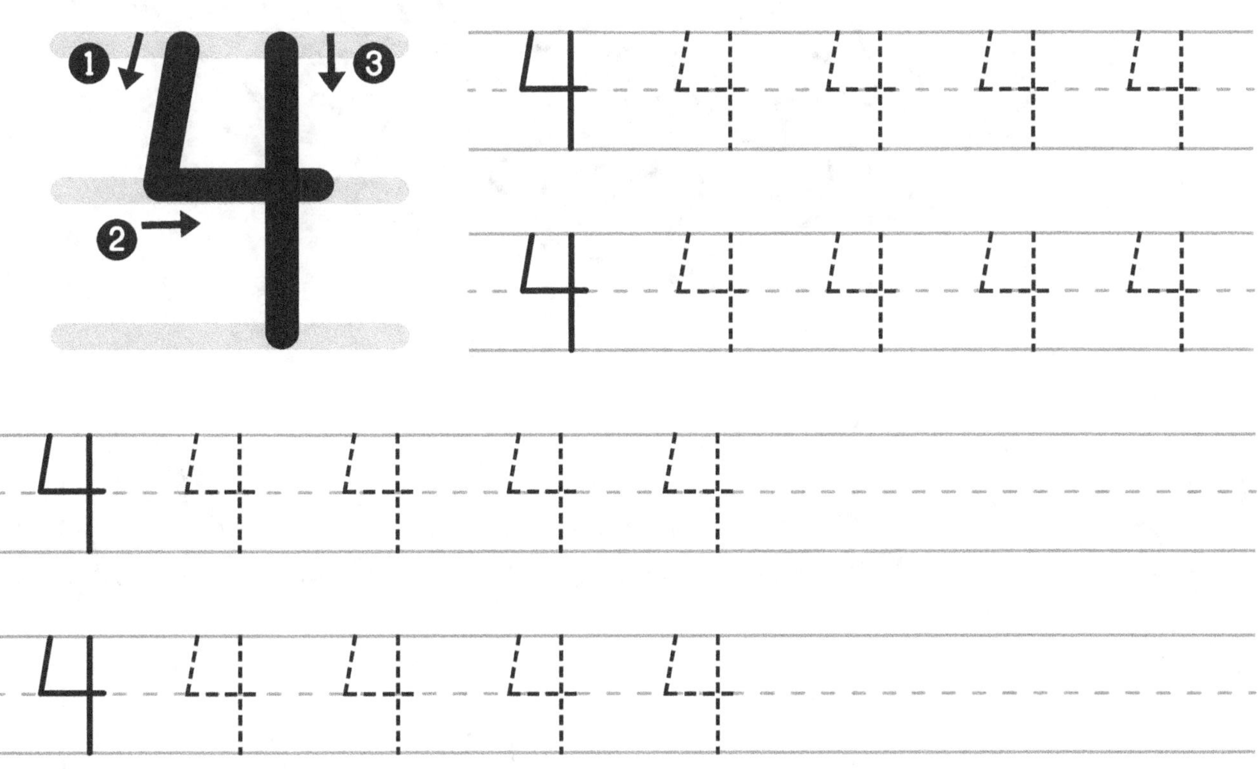

Sea life is colorful!

Sea life is colorful!

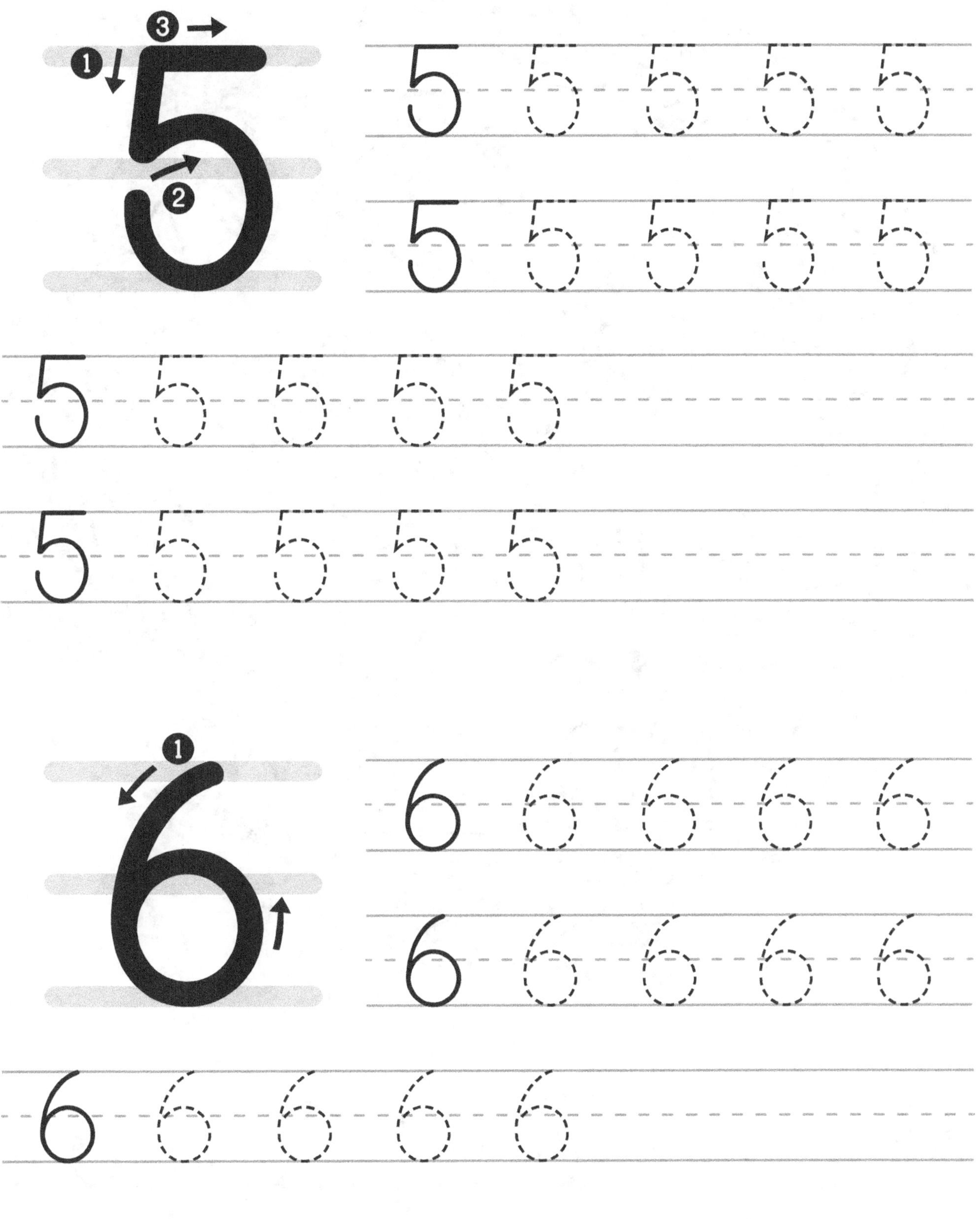

The ocean is great!

The ocean is great!

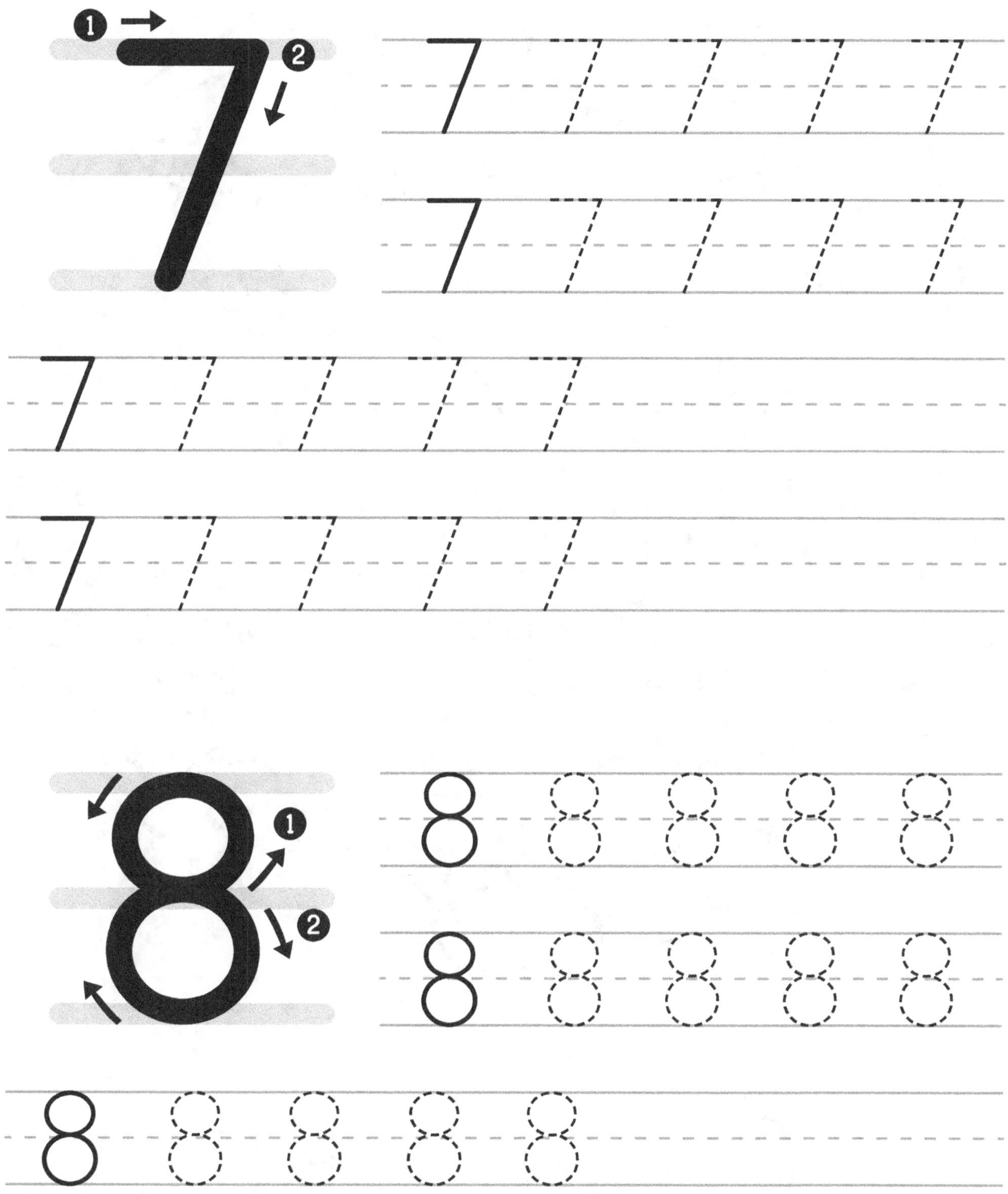

Good job!

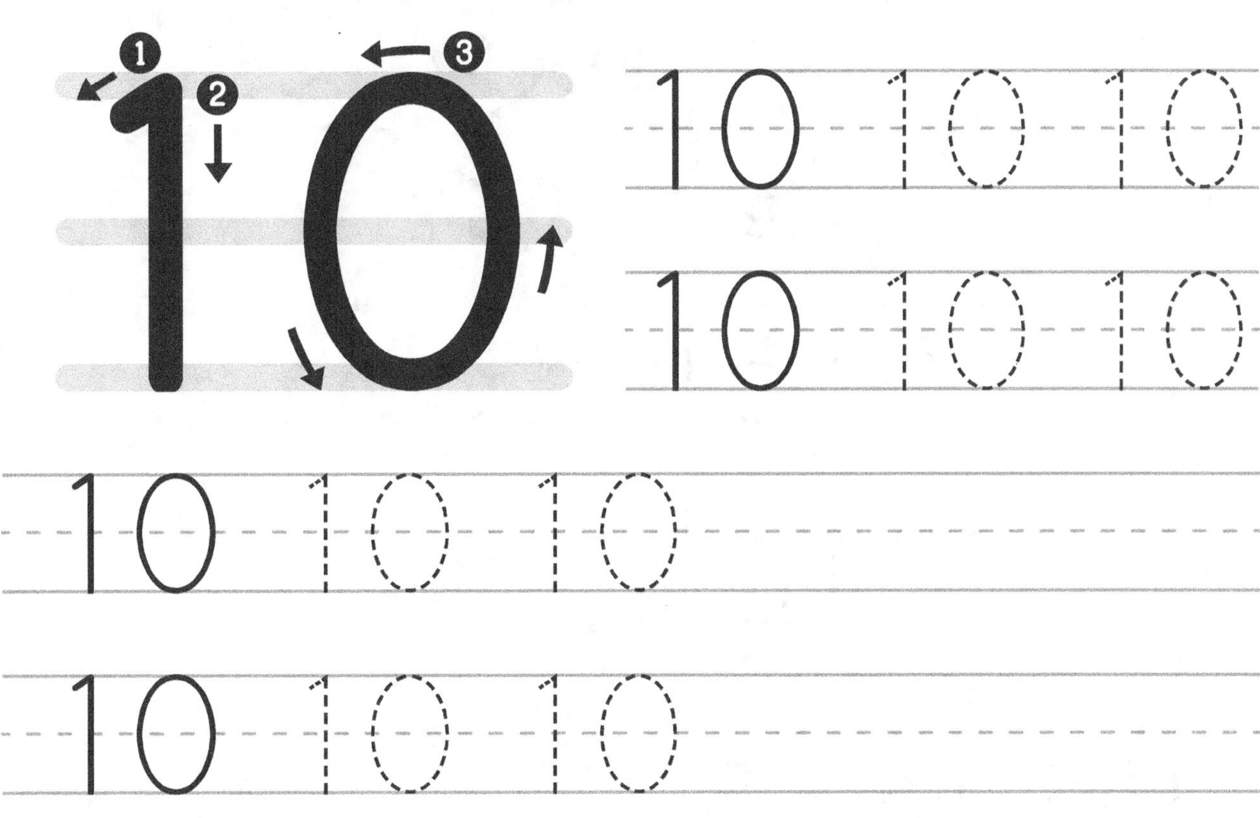

Alphabet

Alphabet

letters letters

Aa Aa   Bb Bb

Cc Cc   Dd Dd

Ee Ee   Ff Ff

Gg Gg   Hh Hh

Ii Ii   Jj Jj

Kk Kk   Ll Ll

Mm Mm   Nn Nn

Oo Oo   Pp Pp

Qq Qq   Rr Rr

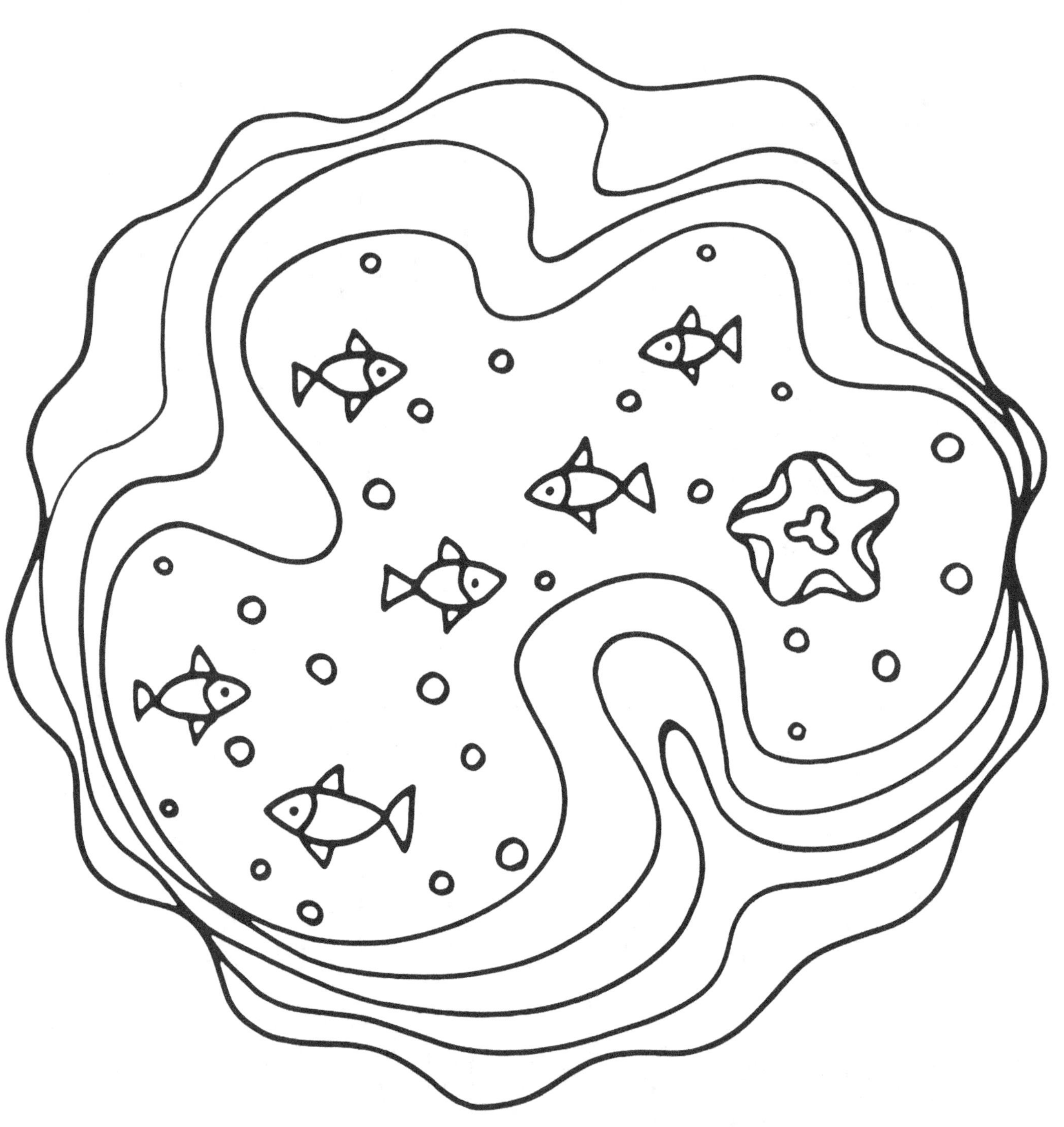

Numbers

Numbers

S s S s   T t T t

U u U u   V v V v

W w W w   X x X x

Y y Y y   Z z Z z

1 1   2 2   3 3

4 4   5 5   6 6

7 7   8 8   9 9

10 10

Copyright © Mr.Verbs – Alphabet Tracing Workbook with Sea Life
Coloring Pages - Alphabet - Numbers - Words - Sentences.
Practice Handwriting Letters and Numbers in Standard Print.
Learn to Write ABC 123. Kids activity books. 2021